UNE COMMANDE ROYALE

DE

CIDRE DE MONTIGNY

PRÈS CANTELEU

Par J. FÉLIX

ROUEN

IMPRIMERIE DE ESPÉRANCE CAGNIARD

rues Jeanne-Darc, 88, et des Basnage, 5

—

1883

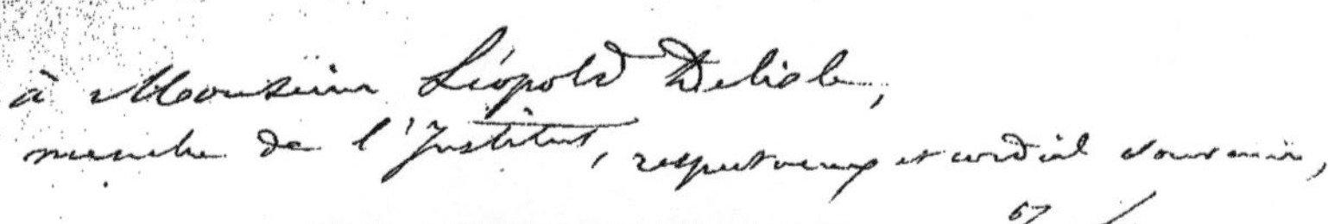

UNE COMMANDE ROYALE

DE

CIDRE DE MONTIGNY

PRÈS CANTELEU

Par J. FÉLIX

ROUEN

IMPRIMERIE DE ESPÉRANCE CAGNIARD

rues Jeanne-Darc, 88, et des Basnage, 5

1883

UNE COMMANDE ROYALE

DE

CIDRE DE MONTIGNY, PRÈS CANTELEU

L'empire envahissant de la mode est assurément la dernière tyrannie que les progrès de la liberté verront fuir devant eux; il est aussi absolu qu'illimité, et loin de borner ses conquêtes au domaine qui lui semble naturellement ouvert, et où elle dispose de la forme du costume et des usages auxquels elle soumet nos relations sociales, l'inconstante déesse n'impose aucun frein à ses prétentions : tour à tour, les choses de l'esprit ont dû se ranger sous ses lois mobiles, et la vogue s'est attachée tantôt à tel genre littéraire, à telles théories artistiques, tantôt à tel système philosophique et, dangereuse fantaisie, même à tel traitement médical. L'histoire ne pouvait échapper aux empiètements commis sur le terrain des autres sciences, et ce serait une étude intéressante que de constater les méthodes variées que révèlent les travaux de ceux qui, depuis Hérodote jusqu'à

Michelet, se sont adonnés à en retracer les évènements.

De nos jours, le public a paru se plaire aux productions d'une école que son succès absout, et qui pourrait d'ailleurs revendiquer pour sa justification le bénéfice de cet adage poétique que « tous les genres sont bons, hors le genre ennuyeux. » La théorie préconisée par ses adeptes, si elle est peu flatteuse pour l'humanité, qu'elle considère comme esclave d'un nouveau fatalisme, fait du moins honneur à la souplesse ingénieuse de leur imagination. Pour eux, la santé capricieuse de Richelieu explique les rigueurs de sa politique. Si, devant ce grand ministre, Louis XIII a effacé sa personne et son action, qu'on s'en prenne à l'état languissant dans lequel a grandi son enfance. Quant à Louis XIV, il suffit de consulter le journal tenu par ses médecins pour se rendre compte des revers ou de la prospérité qui ont signalé son règne, et il ne faut attribuer la décadence du royaume, sous son successeur, qu'au tempérament maladif et lymphatique de Mme de Pompadour. Heureuses découvertes, bien que passablement humiliantes pour notre orgueil! Dût notre dignité en recevoir quelque atteinte, félicitons-nous de posséder un critérium infaillible pour apprécier désormais à leur exacte valeur, après un méticuleux examen de leurs aptitudes physiques et une analyse scrupuleuse de leurs traits, les candidats, toujours nombreux et jusqu'ici difficiles à bien connaître, qui aspirent à l'honneur de nous gouverner!

L'avenir réserve pourtant quelques échecs à cette doctrine, si l'on en juge par les démentis que le passé lui a déjà infligés, et les exemples fourmillent de ces contradictions qui devraient inviter les théoriciens à une prudente circonspection. Voltaire et Scarron n'ont pas laissé la réputation de personnages mélancoliques : l'on sait cependant que chez le premier la bonne humeur avait raison de la santé la plus délicate, et nul n'ignore que, sur la chaise où le clouait la paralysie, l'auteur du *Roman Comique* étourdissait ses amis des éclats d'une gaîté toujours exubérante. Hissé de sa litière sur son cheval de bataille et incapable de supporter le poids de sa cuirasse, Maurice de Saxe, à Fontenoy, opposait aux défaillances de ses forces la constance de son énergie. Bossuet enfin n'a-t-il pas rendu un éternel hommage au vaincu de Rocroy, « le valeureux comte de Fontaines, « qu'on voyait porter dans sa chaise, et malgré ses infir- « mités montrer qu'une âme guerrière est maîtresse du « corps qu'elle anime ? »

Je ne me défends pas néanmoins de trouver séduisant un système de critique historique qui détermine la pen- sée d'un souverain et la portée de sa politique par sa vigueur, quand il s'agit d'un pays où domine la loi sa- lique ; s'il est question d'une reine, par le caractère de sa beauté et la nuance de ses cheveux, étant admis sans conteste que si une douceur inaltérable est l'apanage des blondes, les brunes réalisent le type d'une inébranlable fermeté. Il y aurait dans l'application de ces principes une mine d'investigations, souvent fécondes en mé- comptes, mais dont la richesse inépuisable pourrait ten ter quelques chercheurs amoureux du paradoxe ; il faut pourtant reconnaître qu'aussi aventureux qu'on puisse les supposer, leurs tentatives pour établir avec certitude

par ce moyen les causes et les suites même des faits con-
temporains, seraient non moins téméraires qu'infruc-
tueuses.

Quoi qu'il en soit, le culte de ce que j'appellerai l'inti-
mité historique a propagé la publication de documents
qui, s'ils doivent être consultés et exploités avec réserve
par l'historien, offrent un intérêt indéniable au lecteur,
en évoquant à ses yeux le fonctionnement et la vie d'un
monde disparu. Les éditeurs obéissent à cette tendance
qu'ils favorisent, et les mémoires des femmes de
chambre, des valets de chambre, des médecins, révèlent
sur leurs maîtres royaux de mystérieux détails, maté-
riaux souvent inutiles, quelquefois précieux, à condition
qu'ils soient employés avec discernement et sobriété,
et que le murmure ou le bavardage de la chronique
ne se substituent pas à la voix austère de l'histoire.
A côté de ces récits dont l'historien seul doit savoir se
méfier, n'est-il point pour le curieux une source vive,
à laquelle, plus heureux que l'écrivain, il a le droit
de puiser sans choisir et sans rien rejeter, n'ayant à
exercer aucune critique et satisfait de contenter le désir
qui arrête ses yeux sur les pages jaunies d'un manuscrit,
sur les feuillets froissés d'une correspondance, sur
le parchemin à demi-effacé qu'il a soustrait au
couteau destructeur du relieur prêt à le faire dispa-
raître ? C'est le sentiment que je ressentais il y a
quelques jours, en parcourant un registre écrit lisible-
ment et contenant l'état et menu général de la maison
du Roy pour l'année 1744. Une œuvre aussi spécialement culinaire ne m'entraînera pas, on peut en être

persuadé, à refaire la biographie de Louis XV, et, si je ne dédaigne pas les conseils de Brillat-Savarin, je n'ai pas l'intention de prouver la vérité de son aphorisme connu : « dis-moi ce que tu manges, je te dirai ce que tu es » ; mais le dépouillement que je faisais des renseignements consignés dans ces pages n'a pas été, gourmandise à part, sans me causer quelque agrément, et, si mince que soit ma satisfaction, j'aime à la faire partager, si je puis.

En tête de ce code destiné à régir la cuisine royale, se trouve la loi constitutionnelle, je veux dire le règlement du 19 décembre 1726, qui reproduit ceux des 14 avril 1665, 7 janvier 1681 et 22 novembre 1726, et dont les 56 articles sont suivis de la signature du prince de Condé, alors grand-maître de France, qui de Chantilly en ordonne l'exécution aux officiers, dont sa charge lui confère la surveillance. Après la table du roi, cinq tables sont servies pour quelques personnes : ce sont celles du grand-maître, des maîtres-d'hôtel, des aumôniers, des gentilshommes servants ou du serdeau et des valets de chambre : à cette dernière je remarque la présence d'un joueur de paulme, d'un artillier, d'un porte-arquebuse, d'un horlogeur. Plus loin je découvre la liste de ceux à qui des provisions ou des comestibles sont journellement alloués : David, garde des archives de la maison du Roy et Chaban de la Fosse, chirurgien ordinaire y figurent. J'omets le détail des mets qui composent les repas gras ou maigres de la cour, mais je me reprocherais d'oublier le chapitre relatif aux « pauvres garçons et « veuves de garçons d'office de la maison du Roy et de » celles de Messeigneurs les Dauphins et de Madame

« Infante, qui se sont trouvez hors de service et de-
« venus infirmes, à qui Sa Majesté a accordé ou con-
« servé des pensions, qui seront mis sur l'état des unze
« pauvres lorsqu'il y aura des places vacantes. » D'autres
mentions attirent mon attention : ce sont des jetons ac-
cordés à l'abbé Lambert, garde des ornements de la
chapelle et aux Pères de la Charité qui reçoivent les
garçons d'office malades ; ce sont les gages de l'abbé
Tougard (un nom normand), aumônier de la maison
du Roy au titre de saint Roch, et de Caperon, opéra-
teur. Plus bas je lis : « à Coypel, valet de chambre
« du Roy, pour l'ordinaire que Sa Majesté luy a ac-
« cordé pendant sa vie seulement, suivant l'ordon-
« nance du 28 may 1740, 1,548 livres 16 sous par
« an. » S'agit-il d'un des membres de la famille qui a
laissé un nom célèbre dans l'histoire de la peinture ?
Noël Coypel était pensionné par Louis XIV ; son se-
cond fils, Noël-Nicolas, mourut en 1734, et par consé-
quent ne peut être l'objet d'une mention sur un état
dressé dix ans plus tard ; l'ainé, Antoine, était mort
dès 1722, titulaire d'une pension de 1,500 livres, que
son élève, le Régent, lui avait allouée. J'incline à pen-
ser que son fils, Charles-Antoine, né en 1694 et mort le
14 juin 1752, avait hérité de la faveur de la Cour, malgré l'infériorité avec laquelle il soutenait le renom des
deux générations qu'il représentait ; peintre médiocre,
auteur dramatique dont les œuvres n'ont pas obtenu le ba-
nal honneur de l'impression, il n'y aurait rien d'étonnant
à ce que les secours que la libéralité royale lui accordait
se fûssent dissimulés sous le prétexte d'une sinécure, dont

le titre aurait été d'autant moins offensant pour sa susceptibilité, que la domesticité auprès du souverain était encore recherchée, et qu'il pouvait se souvenir qu'un écrivain, comme lui, dont les œuvres avaient obtenu quelque succès, Molière, n'avait pas cru se déshonorer en acceptant de remplir les mêmes fonctions.

Je tourne quelques pages et voici la liste des personnes auxquelles se distribuaient, le premier janvier, des bourses remplies de jetons : après la famille royale, j'en extrais les noms de la duchesse de Ventadour, des ducs de Charolais et de Chatillon, du comte de Maurepas, secrétaire d'état. Je poursuis et je trouve, inscrits pour toucher un traitement annuel, notamment l'intendant des médailles antiques ; l'abbé de Vauréal, maître de la chapelle de musique ; le chapelain ordinaire, le premier aumônier et le confesseur du roi, les lecteurs de sa chambre, le duc de Charost, son gouverneur ; l'abbé d'Oppède, maître de l'oratoire ; M. de la Rochefoucault, grand-maître de la garde-robe ; M. de Cany, grand-maréchal-des-logis ; Chicœur, premier médecin ; Caré, huissier des ballets ; Gibbon maître à écrire de Sa Majesté ; Chevalier, maître de mathématiques ; Matho, maître de musique ; Rousseau, maître en fait d'armes.

L'on me pardonnera de mentionner spécialement Silvestre, maître à dessiner, dont la femme donnait de son côté des leçons aux filles du roi ; famille justement célèbre dont Israël, né en 1621, illustra le nom, et qui, jusque sous Louis XVIII, eut l'honneur presque ininterrompu de fournir les professeurs de dessin des enfants de France. Celui qui se trouve ici désigné est sans doute Nicolas-Charles, petit-fils d'Israël, né en 1698 et mort le 30 avril 1767.

Faut-il continuer et signaler les distributions de vivres qui, les premiers jours de l'an et de mai, se font aux trompettes de la chambre, aux six cornemuses ou trompettes marines, aux hautbois, aux musettes, aux vingt-quatre violons, aux tambours et fifres suisses ? Faut-il parler des quarante-quatre gâteaux qui sont faits la veille des rois, du vin *excellent* et de l'hypocras qui les accompagnent? Je n'oublierai pas du moins le pain et le poisson distribués aux pauvres le jeudi saint, ni la dépense des quatre fêtes de Pâques, Pentecôte, Toussaint et Noël, ni les dons faits par le roi, lorsqu'il rend le pain bénit, le 16 août, jour de saint Roch. A la Saint-Louis et à la Saint-Martin, ce sont de nouvelles distributions. Diverses circonstances en motivent encore d'autres : si le roi, fidèle aux traditions, touche les écrouelles, ses médecins et chirurgiens sont gratifiés de pain, de vin et de gibier; si les comédiens jouent au château, ils ont droit à du pain et du vin. Enfin, comme s'il avait quelque intuition des principes littéraires, l'auteur anonyme de notre manuscrit, après nous avoir fait monter sur le théâtre, se souvient qu'il faut passer du « plaisant au sévère » et nous initie au détail de la table du confesseur et du prédicateur du roi.

Achevons cette revue nécessairement incomplète, sans nous arrêter aux pensions accordées par le roi aux femmes qui ont soigné son enfance; glissons avec la discrétion qui convient sur les indications trop signifi-

catives, fournies par l'état des falots à délivrer quand
la Cour réside à Fontainebleau, et qui laissent entre-
voir, logeant dans les appartements de la cour ovale,
la reine, le roi, et, rapprochement cynique, Mme de
Chateauroux, rentrée en faveur, et qui ne verra pas
commencer l'année prochaine ; contentons-nous en ter-
minant de nommer, au nombre des personnes attachées
au service de Mesdames de France, la dame Félix,
coëffeuse, dont je n'ai pas la vanité de réclamer la pa-
renté, et Mlle Couperin, maîtresse de clavecin, qui con-
tinue sous Louis XV les traditions musicales par les-
quelles, à la cour des deux rois précédents, ses aïeux
ont acquis une durable renommée.

C'est avec peine que je me décide à fermer ce registre
qui a fait revivre devant moi la Cour de Louis XV sous
un de ses aspects familiers ; je l'ai parcouru sans ennui,
malgré la sécheresse obligée des renseignements qui y
sont consignés et, je ne sais si je cède à une illusion,
j'ose espérer que cette impression personnelle a pu être
partagée. Dans cette longue nomenclature, néanmoins,
j'ai vainement cherché des noms que la Normandie
pourrait revendiquer, et à cette première déception est
venu s'ajouter le regret de n'avoir point vu inscrite,
ne fût-ce que sur le menu des tables inférieures ou
dans des circonstances exceptionnelles, la boisson na-
tionale qui désaltère et quelquefois enivre les enfants
de ce pays.

Cette lacune, je dois l'avouer, ne m'avait cependant
causé qu'un léger étonnement, en me reportant au souvenir de la lecture des études de M. Léopold Delisle sur

là condition de la classe agricole et l'état de l'agriculture en Normandie au moyen-âge. L'on sait, en effet, que, dans cet ouvrage écrit dans sa jeunesse, avec une maturité et une érudition dont sa féconde carrière littéraire n'a jamais donné plus de preuves, le savant éminent, dont les travaux font autorité, constate que pendant de longues années la cervoise ou la bière a été la boisson ordinaire de la région que nous habitons. Sans doute on trouve soit la culture du pommier, soit la fabrication de la liqueur extraite de son fruit, indiquées dans des actes assez nombreux; mais l'on constate que l'usage de ce produit fermenté ne s'est répandu qu'assez tard en Bretagne, en Picardie et dans les pays d'Auge et de Bray. Au XIVe siècle seulement le cidre paraît avoir commencé à l'emporter sur la boisson rivale, l'insuffisance des récoltes provoquant quelquefois des mesures prohibitives de l'emploi des grains à tout autre objet qu'à l'alimentation publique; mais cette substitution s'opéra sans doute assez lentement, car ce n'est qu'en 1692 que l'on rencontre les statuts qui régissent et organisent la corporation des marchands de cidre à Rouen. C'est vers la même époque, l'exact continuateur de M. L. Delisle nous l'apprend dans ses notes et documents concernant l'état des campagnes de la Haute-Normandie dans les derniers temps du moyen âge, que se place une lettre de l'intendant de la province, M. de la Bourdonnaye, prouvant l'extension de l'usage du cidre en Picardie et la consommation de cette boisson en Normandie, dans des proportions qui appellent la protection de l'administration qu'il exerce.

J'en étais là de mes réflexions lorsque, surprise faite
pour encourager ou pour récompenser mes recherches,
du registre que je feuilletais se détache la note suivante,
qui ne m'a pas paru être indigne d'intérêt.

POUR M. THOMAS

« Un demy muy de cidre du crü de Montigny (près
de Canteleu), du plus excellent que faire se pourra.

« M. Allis m'obligera d'y aller promener quelque
jour, et d'en faire choix luy-même et de le faire amme-
ner par un homme de confiance.

« Quand il sera entre ses mains, il le fera mettre en
double futaille, et le chargera par un batteau addressé
au Pecq au sr Venard pr fé de M. Judde, controlleur de
la maison du Roy ;

Et quand j'aurai avis du départ du batteau, je don-
nerai mes ordres audit sieur Venard.

« Ledit Venard, aussitost qu'il l'aura receu en fera
expédition, par un voiturier de toute seureté, à M. Tho-
mas, control. de la maison du Roy, rüe des Bourdon-
nois, au Parc aux Cerfs, à Versailles. »

Au dos on lit les mentions suivantes ;

Déjeuner du Bureau 24¹ veau de.	9 liv.	18 s
Jours gras, 2 gib. par jour de........	4	8
Jours maigres, 2 carp. de pied de......	7	»
Déjeuner du Bur., 6 carp. de pied de....	21	»

M. de Beaurepaire, dans l'ouvrage auquel tout à
l'heure je faisais, comme on le peut toujours quand on a

recours à ses conseils ou à ses écrits, un emprunt utile,
cite un acte du xivᵉ siècle relatif à un marché de
pommes de Montigny. Quand s'est établie la réputation
du cidre fabriqué dans cette localité? On ne le trouve
mentionné dans aucune pièce, et la tradition seule nous
a transmis cette notoriété, encore vivante, qui trouve-
rait son explication dans le soin avec lequel la boisson
était travaillée ou dans la qualité du fruit dont elle pro-
venait. La commande que je viens de faire connaître
établit du moins d'une manière incontestable que l'u-
sage du cidre, au xviiiᵉ siècle, était devenu général en
Normandie; que dans une mesure restreinte, mais
certaine, il s'était répandu dans la région limitrophe;
qu'il n'était même pas inconnu à Paris et dans ses
environs, et que peut-être le crû de Montigny y était
apprécié par les amateurs du piquant breuvage.

Quelle date convient-il d'assigner au document que
nous avons reproduit? Je suis tenté de le placer tout au
moins postérieurement à l'année 1755. Le Parc-aux-
Cerfs était un quartier de Versailles qu'il ne faut pas
confondre avec la petite maison qui y était comprise et
que, le 23 novembre 1755, Lebel acheta pour Louis XV,
qui y cachait les beautés qu'il honorait de sa capricieuse
faveur; mais les précautions prises pour l'acquisition et
le transport du cidre qui fait l'objet de la commande,
l'insistance avec laquelle on précise le crû dont on
demande la meilleure qualité, l'intervention de deux
contrôleurs de la maison royale, le compte, qui est établi
au dos, des fournitures faites pour le bureau, c'est-à-dire
l'assemblée des contrôleurs, ne semblent pas permettre

de douter que, réclamée sans doute par quelque favorite passagère, lasse des vins capiteux de l'Espagne alors en vogue à la Cour, une Normande, donnant peut-être au sein du désordre un souvenir, je n'ose dire un regret, à son pays, la précieuse futaille n'ait passé du village qui avoisine Rouen dans le sérail français, où Louis XV oubliait trop facilement ses devoirs d'époux, de père et de monarque. Et maintenant quelles sont les lèvres roses qui, à l'ombre de ces murs joyeux, se sont trempées dans la coupe où pétillait la liqueur natale, non moins fraîche et aussi blonde que la souveraine éphémère qui la versait à son royal convive ? C'est là un mystère historique (le mot n'est-il pas trop ambitieux?) que nous sommes impuissant à éclaircir, et nous léguons volontiers la solution de ce délicat problème aux investigations indiscrètes de l'avenir.

www.ingramcontent.com/pod-product-compliance
Ingram Content Group UK Ltd.
Pitfield, Milton Keynes, MK11 3LW, UK
UKHW022348170726
13837UKWH00005BA/2492